# FOREWORD

The collection of "Everything Will Be Okay" travel phrasebooks published by T&P Books is designed for people traveling abroad for tourism and business. The phrasebooks contain what matters most - the essentials for basic communication. This is an indispensable set of phrases to "survive" while abroad.

This phrasebook will help you in most cases where you need to ask something, get directions, find out how much something costs, etc. It can also resolve difficult communication situations where gestures just won't help.

This book contains a lot of phrases that have been grouped according to the most relevant topics. You'll also find a mini dictionary with useful words - numbers, time, calendar, colors...

Take "Everything Will Be Okay" phrasebook with you on the road and you'll have an irreplaceable traveling companion who will help you find your way out of any situation and teach you to not fear speaking with foreigners.

# TABLE OF CONTENTS

T&P Books Publishing

# PHRASEBOOK

## — FINNISH —

By Andrey Taranov

## THE MOST IMPORTANT PHRASES

This phrasebook contains
the most important
phrases and questions
for basic communication
Everything you need
to survive overseas

T&P BOOKS

# English-Finnish phrasebook & mini dictionary

By Andrey Taranov

The collection of "Everything Will Be Okay" travel phrasebooks published by T&P Books is designed for people traveling abroad for tourism and business. The phrasebooks contain what matters most - the essentials for basic communication. This is an indispensable set of phrases to "survive" while abroad.

You'll also find a mini dictionary with 250 useful words required for everyday communication - the names of months and days of the week, measurements, family members, and more.

T&P Books Publishing
www.tpbooks.com

ISBN: 978-1-78492-415-7

This book is also available in E-book formats.
Please visit www.tpbooks.com or the major online bookstores.

# PRONUNCIATION

| Letter | Finnish example | T&P phonetic alphabet | English example |
|---|---|---|---|
| A a | Avara | [ɑ] | shorter than in park, card |
| B b | Bussi | [b] | baby, book |
| C c | C-rappu | [s] | city, boss |
| D d | Kadulla | [d] | day, doctor |
| E e | Pelto | [e] | elm, medal |
| F f | Filmi | [f] | face, food |
| G g | Jooga | [g] | game, gold |
| H h | Hattu | [h] | home, have |
| I i | Piha | [i] | shorter than in feet |
| J j | Juna | [j] | yes, New York |
| K k | Katu | [k] | clock, kiss |
| L l | Lapio | [l] | lace, people |
| M m | Muna | [m] | magic, milk |
| N n | Nainen | [n] | name, normal |
| O o | Kova | [o] | pod, John |
| P p | Papin | [p] | pencil, private |
| R r | Ruoka | [r] | rice, radio |
| S s | Suosio | [s] | city, boss |
| T t | Tapa | [t] | tourist, trip |
| U u | Uni | [u] | book |
| V v | Vaaka | [ʋ] | vase, winter |
| Y y | Tyttö | [y] | fuel, tuna |
| Z z | Fazer | [ts] | cats, tsetse fly |
| Ä ä | Älä | [æ] | chess, man |
| Ö ö | Pöllö | [ø] | eternal, church |

## Diphthongs

| | | | |
|---|---|---|---|
| ää | Ihmetyttää | [æː] | longer than in brand |
| öö | Miljardööri | [øː] | first, thirsty |
| aa | Notaari | [aː] | calf, palm |
| ii | Poliisi | [iː] | feet, meter |
| oo | Koomikko | [oː] | fall, bomb |

| Letter | Finnish example | T&P phonetic alphabet | English example |
|--------|-----------------|-----------------------|-----------------|
| uu | Nojapuut | [u:] | pool, room |
| yy | Flyygeli | [y:] | longer than fuel |

# LIST OF ABBREVIATIONS

## English abbreviations

| | | |
|---|---|---|
| ab. | - | about |
| adj | - | adjective |
| adv | - | adverb |
| anim. | - | animate |
| as adj | - | attributive noun used as adjective |
| e.g. | - | for example |
| etc. | - | et cetera |
| fam. | - | familiar |
| fem. | - | feminine |
| form. | - | formal |
| inanim. | - | inanimate |
| masc. | - | masculine |
| math | - | mathematics |
| mil. | - | military |
| n | - | noun |
| pl | - | plural |
| pron. | - | pronoun |
| sb | - | somebody |
| sing. | - | singular |
| sth | - | something |
| v aux | - | auxiliary verb |
| vi | - | intransitive verb |
| vi, vt | - | intransitive, transitive verb |
| vt | - | transitive verb |

# FINNISH
# PHRASEBOOK

This section contains
important phrases that may
come in handy in various
real-life situations.
The phrasebook will help
you ask for directions, clarify
a price, buy tickets, and
order food at a restaurant

# PHRASEBOOK
# CONTENTS

T&P Books Publishing

## The bare minimum

| | |
|---|---|
| Excuse me, ... | **Anteeksi, ...**<br>[ante:ksi, ...] |
| Hello. | **Hei.**<br>[hej] |
| Thank you. | **Kiitos.**<br>[ki:tos] |
| Good bye. | **Näkemiin.**<br>[nækemi:n] |
| Yes. | **Kyllä.**<br>[kyllæ] |
| No. | **Ei.**<br>[ej] |
| I don't know. | **En tiedä.**<br>[en tiedæ] |
| Where? \| Where to? \| When? | **Missä? \| Minne? \| Milloin?**<br>[missæ? \| minne? \| millojn?] |

| | |
|---|---|
| I need ... | **Tarvitsen ...**<br>[tɑrʋitsen ...] |
| I want ... | **Haluan ...**<br>[hɑluɑn ...] |
| Do you have ...? | **Onko sinulla ...?**<br>[oŋko sinulla ...?] |
| Is there a ... here? | **Onko täällä ...?**<br>[oŋko tæ:llæ ...?] |
| May I ...? | **Voinko ...?**<br>[vojŋko ...?] |
| ..., please (polite request) | **..., kiitos**<br>[..., ki:tos] |

| | |
|---|---|
| I'm looking for ... | **Etsin ...**<br>[etsin ...] |
| restroom | **WC**<br>[ʋɛsɛ] |
| ATM | **pankkiautomaatti**<br>[paŋkkiautomɑ:tti] |
| pharmacy (drugstore) | **apteekki**<br>[apte:kki] |
| hospital | **sairaala**<br>[sɑjrɑ:lɑ] |
| police station | **poliisiasema**<br>[poli:siɑsema] |
| subway | **metro**<br>[metro] |

| | |
|---|---|
| taxi | **taksi**<br>[taksi] |
| train station | **rautatieasema**<br>[rautatieasema] |

| | |
|---|---|
| My name is ... | **Nimeni on ...**<br>[nimeni on ...] |
| What's your name? | **Mikä sinun nimesi on?**<br>[mikæ sinun nimesi on?] |
| Could you please help me? | **Voisitko auttaa minua?**<br>[vojsitko autta: minua?] |
| I've got a problem. | **Minulla on ongelma.**<br>[minulla on oŋgelma] |
| I don't feel well. | **En voi hyvin.**<br>[en ʋoj hyʋin] |
| Call an ambulance! | **Soita ambulanssi!**<br>[sojta ambulanssi!] |
| May I make a call? | **Voisinko soittaa?**<br>[vojsiŋko sojtta:?] |

| | |
|---|---|
| I'm sorry. | **Olen pahoillani.**<br>[olen pahojllani] |
| You're welcome. | **Ole hyvä.**<br>[ole hyʋæ] |

| | |
|---|---|
| I, me | **minä \| mä**<br>[minæ \| mæ] |
| you (inform.) | **sinä \| sä**<br>[sinæ \| sæ] |
| he | **hän \| se**<br>[hæn \| se] |
| she | **hän \| se**<br>[hæn \| se] |
| they (masc.) | **he \| ne**<br>[he \| ne] |
| they (fem.) | **he \| ne**<br>[he \| ne] |
| we | **me**<br>[me] |
| you (pl) | **te**<br>[te] |
| you (sg, form.) | **sinä**<br>[sinæ] |

| | |
|---|---|
| ENTRANCE | **SISÄÄN**<br>[sisæ:n] |
| EXIT | **ULOS**<br>[ulos] |
| OUT OF ORDER | **EPÄKUNNOSSA**<br>[epækunnossa] |
| CLOSED | **SULJETTU**<br>[suljettu] |

| | |
|---|---|
| OPEN | **AVOIN**<br>[avojn] |
| FOR WOMEN | **NAISILLE**<br>[najsille] |
| FOR MEN | **MIEHILLE**<br>[miehille] |

# Questions

| | |
|---|---|
| Where? | **Missä?**<br>[missæ?] |
| Where to? | **Mihin?**<br>[mihin?] |
| Where from? | **Mistä?**<br>[mistæ?] |
| Why? | **Miksi?**<br>[miksi?] |
| For what reason? | **Mistä syystä?**<br>[mistæ syːstæ?] |
| When? | **Milloin?**<br>[millojn?] |
| How long? | **Kuinka kauan?**<br>[kujŋka kauan?] |
| At what time? | **Mihin aikaan?**<br>[mihin ajkaːn?] |
| How much? | **Kuinka paljon?**<br>[kujŋka paljon?] |
| Do you have ...? | **Onko sinulla ...?**<br>[oŋko sinulla ...?] |
| Where is ...? | **Missä on ...?**<br>[missæ on ...?] |
| What time is it? | **Paljonko kello on?**<br>[paljoŋko kello on?] |
| May I make a call? | **Voisinko soittaa?**<br>[vojsiŋko sojttaː?] |
| Who's there? | **Kuka siellä?**<br>[kuka siellæ?] |
| Can I smoke here? | **Saako täällä polttaa?**<br>[saːko tæːllæ polttaː?] |
| May I ...? | **Saanko ...?**<br>[saːŋko ...?] |

# Needs

| | |
|---|---|
| I'd like ... | **Haluaisin ...**<br>[haluajsin ...] |
| I don't want ... | **En halua ...**<br>[en halua ...] |
| I'm thirsty. | **Minulla on jano.**<br>[minulla on jano] |
| I want to sleep. | **Haluan nukkua.**<br>[haluan nukkua] |

| | |
|---|---|
| I want ... | **Haluan ...**<br>[haluan ...] |
| to wash up | **peseytyä**<br>[peseytyæ] |
| to brush my teeth | **harjata hampaani**<br>[harjata hampa:ni] |
| to rest a while | **levätä vähän**<br>[leʋætæ ʋæhæn] |
| to change my clothes | **vaihtaa vaatteet**<br>[ʋajhta: ʋa:tte:t] |

| | |
|---|---|
| to go back to the hotel | **palata takaisin hotelliin**<br>[palata takajsin hotelli:n] |
| to buy ... | **ostaa ...**<br>[osta: ...] |
| to go to ... | **mennä ...**<br>[mennæ ...] |
| to visit ... | **käydä ...**<br>[kæydæ ...] |
| to meet with ... | **tavata ...**<br>[taʋata ...] |
| to make a call | **soittaa ...**<br>[sojtta: ...] |

| | |
|---|---|
| I'm tired. | **Olen väsynyt.**<br>[olen ʋæsynyt] |
| We are tired. | **Olemme väsyneitä.**<br>[olemme ʋæsynejtæ] |
| I'm cold. | **Minulla on kylmä.**<br>[minulla on kylmæ] |
| I'm hot. | **Minulla on kuuma.**<br>[minulla on ku:ma] |
| I'm OK. | **Voin hyvin.**<br>[vojn hyʋin] |

| | |
|---|---|
| I need to make a call. | **Minun täytyy soittaa yksi puhelu.**<br>[minun tæyty: sojttɑ: yksi puhelu] |
| I need to go to the restroom. | **Minun täytyy mennä vessaan.**<br>[minun tæyty: mennæ ʋessɑ:n] |
| I have to go. | **Minun täytyy lähteä.**<br>[minun tæyty: ʎæhteæ] |
| I have to go now. | **Minun täytyy lähteä nyt.**<br>[minun tæyty: ʎæhteæ nyt] |

## Asking for directions

| | |
|---|---|
| Excuse me, ... | **Anteeksi, ...**<br>[anteːksi, ...] |
| Where is ...? | **Missä on ...?**<br>[missæ on ...?] |
| Which way is ...? | **Miten pääsen ...?**<br>[miten pæːsen ...?] |
| Could you help me, please? | **Voisitko auttaa minua?**<br>[vojsitko auttaː minua?] |

| | |
|---|---|
| I'm looking for ... | **Etsin ...**<br>[etsin ...] |
| I'm looking for the exit. | **Etsin uloskäyntiä.**<br>[etsin uloskæyntiæ] |
| I'm going to ... | **Menen ...**<br>[menen ...] |
| Am I going the right way to ...? | **Onko tämä oikea tie ...?**<br>[oŋko tæmæ ojkea tie ...?] |

| | |
|---|---|
| Is it far? | **Onko se kaukana?**<br>[oŋko se kaukana?] |
| Can I get there on foot? | **Voiko sinne kävellä?**<br>[vojko sinne kæuellæ?] |
| Can you show me on the map? | **Voitko näyttää minulle kartalta?**<br>[vojtko næyttæː minulle kartalta?] |
| Show me where we are right now. | **Voitko näyttää, missä me olemme nyt.**<br>[vojtko næyttæː, missæ me olemme nyt] |

| | |
|---|---|
| Here | **Täällä**<br>[tæːllæ] |
| There | **Siellä**<br>[siellæ] |
| This way | **Tännepäin.**<br>[tænnepæjn] |

| | |
|---|---|
| Turn right. | **Käänny oikealle.**<br>[kæːnny ojkealle] |
| Turn left. | **Käänny vasemmalle.**<br>[kæːnny uasemmalle] |
| first (second, third) turn | **ensimmäinen (toinen, kolmas) käännös**<br>[ensimmæjnen (tojnen, kolmas) kæːnnøs] |
| to the right | **oikealle**<br>[ojkealle] |

to the left | **vasemmalle**
[ʋɑsemmɑlle]

Go straight. | **Mene suoraan eteenpäin.**
[mene suorɑ:n ete:npæjn]

# Signs

| WELCOME! | **TERVETULOA!**<br>[tervetuloa!] |
| ENTRANCE | **SISÄÄN**<br>[sisæ:n] |
| EXIT | **ULOS**<br>[ulos] |

| PUSH | **TYÖNNÄ**<br>[työnnæ] |
| PULL | **VEDÄ**<br>[vedæ] |
| OPEN | **AVOIN**<br>[avojn] |
| CLOSED | **SULJETTU**<br>[suljettu] |

| FOR WOMEN | **NAISILLE**<br>[nɑjsille] |
| FOR MEN | **MIEHILLE**<br>[miehille] |
| MEN, GENTS | **MIEHET**<br>[miehet] |
| WOMEN, LADIES | **NAISET**<br>[nɑjset] |

| DISCOUNTS | **MYYNTI**<br>[my:nti] |
| SALE | **ALE**<br>[ale] |
| FREE | **ILMAINEN**<br>[ilmɑjnen] |
| NEW! | **UUTUUS!**<br>[u:tu:s!] |
| ATTENTION! | **HUOMIO!**<br>[huomio!] |

| NO VACANCIES | **TÄYNNÄ**<br>[tæynnæ] |
| RESERVED | **VARATTU**<br>[varattu] |
| ADMINISTRATION | **HALLINTOHENKILÖSTÖ**<br>[hallintoheŋkilöstö] |
| STAFF ONLY | **VAIN HENKILÖKUNTA**<br>[vɑjn heŋkilökunta] |

| | |
|---|---|
| BEWARE OF THE DOG! | **VARO KOIRAA!**<br>[varo kojra:!] |
| NO SMOKING! | **TUPAKOINTI KIELLETTY!**<br>[tupakojnti kielletty!] |
| DO NOT TOUCH! | **ÄLÄ KOSKE!**<br>[æʌæ koske!] |
| DANGEROUS | **VAARALLINEN**<br>[va:rallinen] |
| DANGER | **VAARA**<br>[va:ra] |
| HIGH VOLTAGE | **KORKEAJÄNNITE**<br>[korkeajænnite] |
| NO SWIMMING! | **UIMINEN KIELLETTY!**<br>[ujminen kielletty!] |

| | |
|---|---|
| OUT OF ORDER | **EPÄKUNNOSSA**<br>[epækunnossa] |
| FLAMMABLE | **HELPOSTI SYTTYVÄ**<br>[helposti syttyvæ] |
| FORBIDDEN | **KIELLETTY**<br>[kielletty] |
| NO TRESPASSING! | **LÄPIKULKU KIELLETTY**<br>[llæpikulku kielletty] |
| WET PAINT | **VASTAMAALATTU**<br>[vastama:lattu] |

| | |
|---|---|
| CLOSED FOR RENOVATIONS | **SULJETTU REMONTIN VUOKSI**<br>[suljettu remontin vuoksi] |
| WORKS AHEAD | **TIETYÖ**<br>[tietyö] |
| DETOUR | **KIERTOTIE**<br>[kiertotie] |

## Transportation. General phrases

| | |
|---|---|
| plane | **lentokone**<br>[lentokone] |
| train | **juna**<br>[juna] |
| bus | **bussi**<br>[bussi] |
| ferry | **lautta**<br>[lautta] |
| taxi | **taksi**<br>[taksi] |
| car | **auto**<br>[auto] |

| | |
|---|---|
| schedule | **aikataulu**<br>[ajkataulu] |
| Where can I see the schedule? | **Missä voisin nähdä aikataulun?**<br>[missæ uojsin næhdæ ajkataulun?] |
| workdays (weekdays) | **arkipäivät**<br>[arkipæjuæt] |
| weekends | **viikonloput**<br>[ui:konloput] |
| holidays | **pyhäpäivät**<br>[pyhæpæjuæt] |

| | |
|---|---|
| DEPARTURE | **LÄHTEVÄT**<br>[ʌæhtevæt] |
| ARRIVAL | **SAAPUVAT**<br>[sa:puvat] |
| DELAYED | **MYÖHÄSSÄ**<br>[myöhæssæ] |
| CANCELED | **PERUUTETTU**<br>[peru:tettu] |

| | |
|---|---|
| next (train, etc.) | **seuraava**<br>[seura:ua] |
| first | **ensimmäinen**<br>[ensimmæjnen] |
| last | **viimeinen**<br>[ui:mejnen] |

| | |
|---|---|
| When is the next ...? | **Milloin on seuraava ...?**<br>[millojn on seura:ua ...?] |
| When is the first ...? | **Milloin on ensimmäinen ...?**<br>[millojn on ensimmæjnen ...?] |

When is the last ...?

**Milloin on viimeinen ...?**
[millojn on ʋiːmejnen ...?]

transfer (change of trains, etc.)

**vaihto**
[ʋɑjhto]

to make a transfer

**vaihtaa**
[ʋɑjhtɑː]

Do I need to make a transfer?

**Täytyykö minun tehdä vaihto?**
[tæytyːkø minun tehdæ ʋɑjhto?]

## Buying tickets

| | |
|---|---|
| Where can I buy tickets? | **Mistä voin ostaa lippuja?**<br>[mistæ vojn osta: lippuja?] |
| ticket | **lippu**<br>[lippu] |
| to buy a ticket | **ostaa lippu**<br>[osta: lippu] |
| ticket price | **lipun hinta**<br>[lipun hinta] |
| Where to? | **Mihin?**<br>[mihin?] |
| To what station? | **Mille asemalle?**<br>[mille asemalle?] |
| I need ... | **Tarvitsen ...**<br>[tarvitsen ...] |
| one ticket | **yhden lipun**<br>[yhden lipun] |
| two tickets | **kaksi lippua**<br>[kaksi lippua] |
| three tickets | **kolme lippua**<br>[kolme lippua] |
| one-way | **menolippu**<br>[menolippu] |
| round-trip | **menopaluu**<br>[menopalu:] |
| first class | **ensimmäinen luokka**<br>[ensimmæjnen luokka] |
| second class | **toinen luokka**<br>[tojnen luokka] |
| today | **tänään**<br>[tænæ:n] |
| tomorrow | **huomenna**<br>[huomenna] |
| the day after tomorrow | **ylihuomenna**<br>[ylihuomenna] |
| in the morning | **aamulla**<br>[a:mulla] |
| in the afternoon | **iltapäivällä**<br>[iltapæjvællæ] |
| in the evening | **illalla**<br>[illalla] |

| | |
|---|---|
| aisle seat | **käytäväpaikka**<br>[kæytæʋæpɑjkkɑ] |
| window seat | **ikkunapaikka**<br>[ikkunɑpɑjkkɑ] |
| How much? | **Kuinka paljon?**<br>[kujŋkɑ pɑljon?] |
| Can I pay by credit card? | **Voinko maksaa luottokortilla?**<br>[vojŋko mɑksɑ: luottokortillɑ?] |

# Bus

| bus | **bussi**<br>[bussi] |
|---|---|
| intercity bus | **linja-auto**<br>[linja-auto] |
| bus stop | **bussipysäkki**<br>[bussipysækki] |
| Where's the nearest bus stop? | **Missä on lähin bussipysäkki?**<br>[missæ on ʎæhin bussipysækki?] |

| number (bus ~, etc.) | **numero**<br>[numero] |
|---|---|
| Which bus do I take to get to …? | **Millä bussilla pääsen …?**<br>[millæ bussilla pæːsen …?] |
| Does this bus go to …? | **Meneekö tämä bussi …?**<br>[meneːkø tæmæ bussi …?] |
| How frequent are the buses? | **Kuinka usein bussit kulkevat?**<br>[kujŋka usejn bussit kulkeʋat?] |

| every 15 minutes | **viidentoista minuutin välein**<br>[ʋiːdentojsta minuːtin ʋælejn] |
|---|---|
| every half hour | **puolen tunnin välein**<br>[puolen tunnin ʋælejn] |
| every hour | **joka tunti**<br>[joka tunti] |
| several times a day | **useita kertoja päivässä**<br>[usejta kertoja pæjʋæssæ] |
| … times a day | **… kertaa päivässä**<br>[… kertaː pæjʋæssæ] |

| schedule | **aikataulu**<br>[ajkataulu] |
|---|---|
| Where can I see the schedule? | **Missä voisin nähdä aikataulun?**<br>[missæ ʋojsin næhdæ ajkataulun?] |
| When is the next bus? | **Milloin seuraava bussi menee?**<br>[millojn seuraːʋa bussi meneː?] |
| When is the first bus? | **Milloin ensimmäinen bussi menee?**<br>[millojn ensimmæjnen bussi meneː?] |
| When is the last bus? | **Milloin viimeinen bussi menee?**<br>[millojn ʋiːmejnen bussi meneː?] |

| stop | **pysäkki**<br>[pysækki] |
|---|---|
| next stop | **seuraava pysäkki**<br>[seuraːʋa pysækki] |

last stop (terminus)

Stop here, please.

Excuse me, this is my stop.

**päätepysäkki**
[pæ:tepysækki]

**Pysähdy tähän, kiitos.**
[pysæhdy tæhæn, ki:tos]

**Anteeksi, jään pois tässä.**
[ante:ksi, jæ:n pojs tæssæ]

# Train

| | |
|---|---|
| train | **juna**<br>[junɑ] |
| suburban train | **lähijuna**<br>[ʎæhijunɑ] |
| long-distance train | **kaukojuna**<br>[kɑukojunɑ] |
| train station | **rautatieasema**<br>[rɑutɑtieɑsemɑ] |
| Excuse me, where is the exit to the platform? | **Anteeksi, mistä pääsen laiturille?**<br>[ante:ksi, mistæ pæ:sen lɑjturille?] |
| Does this train go to …? | **Meneekö tämä juna …?**<br>[mene:kø tæmæ junɑ …?] |
| next train | **seuraava juna**<br>[seurɑ:ʋɑ junɑ] |
| When is the next train? | **Milloin seuraava juna lähtee?**<br>[millojn seurɑ:ʋɑ junɑ llæhte:?] |
| Where can I see the schedule? | **Missä voisin nähdä aikataulun?**<br>[missæ ʋojsin næhdæ ɑjkɑtɑulun?] |
| From which platform? | **Miltä laiturilta?**<br>[miltæ lɑjturiltɑ?] |
| When does the train arrive in …? | **Milloin juna saapuu …?**<br>[millojn junɑ sɑ:pu: …?] |
| Please help me. | **Auttaisitko minua, kiitos.**<br>[auttɑjsitko minuɑ, ki:tos] |
| I'm looking for my seat. | **Etsin paikkaani.**<br>[etsin pɑjkkɑ:ni] |
| We're looking for our seats. | **Etsimme paikkojamme.**<br>[etsimme pɑjkkojɑmme] |
| My seat is taken. | **Paikkani on varattu.**<br>[pɑjkkɑni on ʋɑrɑttu] |
| Our seats are taken. | **Paikkamme ovat varattuja.**<br>[pɑjkkɑmme oʋɑt ʋɑrɑttujɑ] |
| I'm sorry but this is my seat. | **Olen pahoillani, mutta tämä on minun paikkani.**<br>[olen pɑhojllɑni, muttɑ tæmæ on minun pɑjkkɑni] |
| Is this seat taken? | **Onko tämä paikka varattu?**<br>[oŋko tæmæ pɑjkkɑ ʋɑrɑttu?] |
| May I sit here? | **Voinko istua tähän?**<br>[vojŋko istuɑ tæhæn?] |

## On the train. Dialogue (No ticket)

| | |
|---|---|
| Ticket, please. | **Lippunne, kiitos.**<br>[lippunne, ki:tos] |
| I don't have a ticket. | **Minulla ei ole lippua.**<br>[minulla ej ole lippua] |
| I lost my ticket. | **Kadotin lippuni.**<br>[kadotin lippuni] |
| I forgot my ticket at home. | **Unohdin lippuni kotiin.**<br>[unohdin lippuni koti:n] |

| | |
|---|---|
| You can buy a ticket from me. | **Voit ostaa lipun minulta.**<br>[vojt osta: lipun minulta] |
| You will also have to pay a fine. | **Sinun täytyy maksaa myös sakko.**<br>[sinun tæyty: maksa: myøs sakko] |
| Okay. | **Hyvä on.**<br>[hyʋæ on] |
| Where are you going? | **Minne olet menossa?**<br>[minne olet menossa?] |
| I'm going to ... | **Menen ...**<br>[menen ...] |

| | |
|---|---|
| How much? I don't understand. | **Kuinka paljon? En ymmärrä.**<br>[kujŋka paljon? en ymmærræ] |
| Write it down, please. | **Voisitko kirjoittaa sen.**<br>[vojsitko kirjojtta: sen] |
| Okay. Can I pay with a credit card? | **Hyvä on.**<br>**Voinko maksaa luottokortilla?**<br>[hyʋæ on vojŋko maksa: luottokortilla?] |
| Yes, you can. | **Kyllä voit.**<br>[kyllæ ʋojt] |

| | |
|---|---|
| Here's your receipt. | **Tässä on kuittinne.**<br>[tæssæ on kujttinne] |
| Sorry about the fine. | **Olen pahoillani sakosta.**<br>[olen pahojllani sakosta] |
| That's okay. It was my fault. | **Ei hätää. Se oli minun vikani.**<br>[ej hætæ:. se oli minun ʋikani] |
| Enjoy your trip. | **Mukavaa matkaa.**<br>[mukaʋa: matka:] |

# Taxi

| | |
|---|---|
| taxi | **taksi**<br>[taksi] |
| taxi driver | **taksinkuljettaja**<br>[taksiŋkuljettaja] |
| to catch a taxi | **ottaa taksi**<br>[otta: taksi] |
| taxi stand | **taksipysäkki**<br>[taksipysækki] |
| Where can I get a taxi? | **Mistä voin saada taksin?**<br>[mistæ vojn sa:da taksin?] |

| | |
|---|---|
| to call a taxi | **soittaa taksi**<br>[sojtta: taksi] |
| I need a taxi. | **Tarvitsen taksin.**<br>[tarvitsen taksin] |
| Right now. | **Juuri nyt.**<br>[ju:ri nyt] |
| What is your address (location)? | **Mikä on osoitteesi?**<br>[mikæ on osojtte:si?] |
| My address is ... | **Osoitteeni on ...**<br>[osojtte:ni on ...] |
| Your destination? | **Mihin olet menossa?**<br>[mihin olet menossa?] |

| | |
|---|---|
| Excuse me, ... | **Anteeksi, ...**<br>[ante:ksi, ...] |
| Are you available? | **Oletko vapaa?**<br>[oletko vapa:?] |
| How much is it to get to ...? | **Kuinka paljon maksaa mennä ...?**<br>[kujŋka paljon maksa: mennæ ...?] |
| Do you know where it is? | **Tiedätkö, missä se on?**<br>[tiedætkø, missæ se on?] |
| Airport, please. | **Lentokentälle, kiitos.**<br>[lentokentælle, ki:tos] |
| Stop here, please. | **Pysähdy tähän, kiitos.**<br>[pysæhdy tæhæn, ki:tos] |
| It's not here. | **Se ei ole täällä.**<br>[se ej ole tæ:llæ] |
| This is the wrong address. | **Tämä on väärä osoite.**<br>[tæmæ on væ:ræ osojte] |
| Turn left. | **Käänny vasemmalle.**<br>[kæ:nny vasemmalle] |
| Turn right. | **Käänny oikealle.**<br>[kæ:nny ojkealle] |

How much do I owe you?

**Kuinka paljon olen velkaa?**
[kujŋka paljon olen ʋelka:?]

I'd like a receipt, please.

**Voisinko saada kuitin.**
[vojsiŋko sa:da kujtin]

Keep the change.

**Voit pitää vaihtorahat.**
[vojt pitæ: ʋajhtorahat]

Would you please wait for me?

**Odottaisitko minua?**
[odottajsitko minua?]

five minutes

**viisi minuuttia**
[ʋi:si minu:ttia]

ten minutes

**kymmenen minuuttia**
[kymmenen minu:ttia]

fifteen minutes

**viisitoista minuuttia**
[ʋi:sitojsta minu:ttia]

twenty minutes

**kaksikymmentä minuuttia**
[kaksikymmentæ minu:ttia]

half an hour

**puoli tuntia**
[puoli tuntia]

# Hotel

| | |
|---|---|
| Hello. | **Hei.**<br>[hej] |
| My name is ... | **Nimeni on ...**<br>[nimeni on ...] |
| I have a reservation. | **Minulla on varaus.**<br>[minulla on ʋaraus] |

| | |
|---|---|
| I need ... | **Tarvitsen ...**<br>[tarʋitsen ...] |
| a single room | **yhden hengen huoneen**<br>[yhden heŋgen huone:n] |
| a double room | **kahden hengen huoneen**<br>[kahden heŋgen huone:n] |
| How much is that? | **Kuinka paljon se maksaa?**<br>[kujŋka paljon se maksa:?] |
| That's a bit expensive. | **Se on aika kallis.**<br>[se on ajka kallis] |

| | |
|---|---|
| Do you have any other options? | **Onko muita vaihtoehtoja?**<br>[oŋko mujta ʋajhtoehtoja?] |
| I'll take it. | **Otan sen.**<br>[otan sen] |
| I'll pay in cash. | **Maksan käteisellä.**<br>[maksan kætejsellæ] |

| | |
|---|---|
| I've got a problem. | **Minulla on ongelma.**<br>[minulla on oŋgelma] |
| My ... is broken. | **Minun ... on rikki.**<br>[minun ... on rikki] |
| My ... is out of order. | **Minun ... on epäkunnossa.**<br>[minun ... on epækunnossa] |
| TV | **TV**<br>[tɛʋɛ] |
| air conditioning | **ilmastointi**<br>[ilmastojnti] |
| tap | **hana**<br>[hana] |

| | |
|---|---|
| shower | **suihku**<br>[sujhku] |
| sink | **allas**<br>[allas] |
| safe | **kassakaappi**<br>[kassaka:ppi] |

| | |
|---|---|
| door lock | **oven lukko**<br>[oʋen lukko] |
| electrical outlet | **sähköpistorasia**<br>[sæhkøpistorasia] |
| hairdryer | **hiustenkuivaaja**<br>[hiusteŋkujʋaːja] |

| | |
|---|---|
| I don't have ... | **Huoneessani ei ole ...**<br>[huone:ssani ej ole ...] |
| water | **vettä**<br>[ʋettæ] |
| light | **valoa**<br>[ʋaloa] |
| electricity | **sähköä**<br>[sæhkøæ] |

| | |
|---|---|
| Can you give me ...? | **Voisitko antaa minulle ...?**<br>[vojsitko anta: minulle ...?] |
| a towel | **pyyhkeen**<br>[py:hke:n] |
| a blanket | **peitteen**<br>[pejtte:n] |
| slippers | **aamutossut**<br>[a:mutossut] |
| a robe | **aamutakin**<br>[a:mutakin] |
| shampoo | **sampoo**<br>[sampo:] |
| soap | **saippuan**<br>[sajppuan] |

| | |
|---|---|
| I'd like to change rooms. | **Haluaisin vaihtaa huonetta.**<br>[haluajsin ʋajhta: huonetta] |
| I can't find my key. | **En löydä avaintani.**<br>[en løydæ aʋajntani] |
| Could you open my room, please? | **Voisitko avata huoneeni oven?**<br>[vojsitko aʋata huone:ni oʋen?] |
| Who's there? | **Kuka siellä?**<br>[kuka siellæ?] |
| Come in! | **Tule sisään!**<br>[tule sisæ:n!] |
| Just a minute! | **Hetki vain!**<br>[hetki ʋajn!] |
| Not right now, please. | **Ei juuri nyt, kiitos.**<br>[ej ju:ri nyt, ki:tos] |

| | |
|---|---|
| Come to my room, please. | **Voisitko tulla huoneeseeni.**<br>[vojsitko tulla huone:se:ni] |
| I'd like to order food service. | **Haluaisin tilata huonepalvelusta.**<br>[haluajsin tilata huonepalʋelusta] |
| My room number is ... | **Huoneeni numero on ...**<br>[huone:ni numero on ...] |

I'm leaving ...

**Olen lähdössä ...**
[olen ʎæhdøssæ ...]

We're leaving ...

**Olemme lähdössä ...**
[olemme ʎæhdøssæ ...]

right now

**juuri nyt**
[juːri nyt]

this afternoon

**tänä iltapäivänä**
[tænæ iltapæjuænæ]

tonight

**tänä iltana**
[tænæ iltana]

tomorrow

**huomenna**
[huomenna]

tomorrow morning

**huomenaamuna**
[huomenaːmuna]

tomorrow evening

**huomenillalla**
[huomenillalla]

the day after tomorrow

**ylihuomenna**
[ylihuomenna]

I'd like to pay.

**Haluaisin maksaa.**
[haluajsin maksaː]

Everything was wonderful.

**Kaikki oli mahtavaa.**
[kajkki oli mahtavaː]

Where can I get a taxi?

**Mistä voin saada taksin?**
[mistæ ʋojn saːda taksin?]

Would you call a taxi for me, please?

**Voisitko soittaa minulle taksin, kiitos?**
[ʋojsitko sojttaː minulle taksin, kiːtos?]

## Restaurant

| | |
|---|---|
| Can I look at the menu, please? | **Saisinko katsoa ruokalistaa, kiitos?**<br>[sɑjsiŋko kɑtsoɑ ruokɑlistɑ:, ki:tos?] |
| Table for one. | **Pöytä yhdelle.**<br>[pøytæ yhdelle] |
| There are two (three, four) of us. | **Meitä on kaksi (kolme, neljä).**<br>[mejtæ on kɑksi (kolme, neljæ)] |

| | |
|---|---|
| Smoking | **Tupakointi**<br>[tupɑkojnti] |
| No smoking | **Tupakointi kielletty**<br>[tupɑkojnti kielletty] |
| Excuse me! (addressing a waiter) | **Anteeksi!**<br>[ɑnte:ksi!] |
| menu | **ruokalista**<br>[ruokɑlistɑ] |
| wine list | **viinilista**<br>[ʋi:nilistɑ] |
| The menu, please. | **Ruokalista, kiitos.**<br>[ruokɑlistɑ, ki:tos] |

| | |
|---|---|
| Are you ready to order? | **Oletteko valmis tilaamaan?**<br>[oletteko ʋɑlmis tilɑ:mɑ:n?] |
| What will you have? | **Mitä haluaisitte?**<br>[mitæ hɑluɑjsitte?] |
| I'll have ... | **Otan ...**<br>[otɑn ...] |

| | |
|---|---|
| I'm a vegetarian. | **Olen kasvissyöjä.**<br>[olen kɑsʋissyøjæ] |
| meat | **liha**<br>[lihɑ] |
| fish | **kala**<br>[kɑlɑ] |
| vegetables | **vihannekset**<br>[ʋihɑnnekset] |
| Do you have vegetarian dishes? | **Onko teillä kasvisruokaa?**<br>[oŋko tejllæ kɑsʋisruokɑ:?] |
| I don't eat pork. | **En syö sianlihaa.**<br>[en syø siɑnlihɑ:] |
| He /she/ doesn't eat meat. | **Hän ei syö lihaa.**<br>[hæn ej syø lihɑ:] |
| I am allergic to ... | **Olen allerginen ...**<br>[olen ɑllerginen ...] |

| | |
|---|---|
| Would you please bring me ... | **Toisitteko minulle ...**<br>[tojsitteko minulle ...] |
| salt \| pepper \| sugar | **suola \| pippuri \| sokeri**<br>[suola \| pippuri \| sokeri] |
| coffee \| tea \| dessert | **kahvi \| tee \| jälkiruoka**<br>[kahui \| te: \| jælkiruoka] |
| water \| sparkling \| plain | **vesi \| hiilihapollinen \| tavallinen**<br>[uesi \| hi:lihapollinen \| tauallinen] |
| a spoon \| fork \| knife | **lusikka \| haarukka \| veitsi**<br>[lusikka \| ha:rukka \| uejtsi] |
| a plate \| napkin | **lautanen \| lautasliina**<br>[lautanen \| lautasli:na] |

| | |
|---|---|
| Enjoy your meal! | **Hyvää ruokahalua!**<br>[hyuæ: ruokahalua!] |
| One more, please. | **Toinen samanlainen, kiitos.**<br>[tojnen samanlajnen, ki:tos] |
| It was very delicious. | **Se oli todella herkullista.**<br>[se oli todella herkullista] |

| | |
|---|---|
| check \| change \| tip | **lasku \| vaihtoraha \| tippi**<br>[lasku \| uajhtoraha \| tippi] |
| Check, please.<br>(Could I have the check, please?) | **Lasku, kiitos.**<br>[lasku, ki:tos] |
| Can I pay by credit card? | **Voinko maksaa luottokortilla?**<br>[vojŋko maksa: luottokortilla?] |
| I'm sorry, there's a mistake here. | **Olen pahoillani, mutta tässä on virhe.**<br>[olen pahojllani, mutta tæssæ on uirhe] |

# Shopping

| | |
|---|---|
| Can I help you? | **Voinko auttaa?**<br>[vojŋko autta:?] |
| Do you have ...? | **Onko teillä ...?**<br>[oŋko tejllæ ...?] |
| I'm looking for ... | **Etsin ...**<br>[etsin ...] |
| I need ... | **Tarvitsen ...**<br>[tarvitsen ...] |

| | |
|---|---|
| I'm just looking. | **Katselen vain.**<br>[katselen vajn] |
| We're just looking. | **Katselemme vain.**<br>[katselemme vajn] |
| I'll come back later. | **Palaan takaisin myöhemmin.**<br>[pala:n takajsin myøhemmin] |
| We'll come back later. | **Palaamme takaisin myöhemmin.**<br>[pala:mme takajsin myøhemmin] |
| discounts | sale | **alennukset | ale**<br>[alennukset | ale] |

| | |
|---|---|
| Would you please show me ... | **Näyttäisitkö minulle ...**<br>[næyttæjsitkø minulle ...] |
| Would you please give me ... | **Antaisitko minulle ...**<br>[antajsitko minulle ...] |
| Can I try it on? | **Voinko kokeilla tätä?**<br>[vojŋko kokejlla tætæ?] |
| Excuse me, where's the fitting room? | **Anteeksi, missä on sovituskoppi?**<br>[ante:ksi, missæ on sovituskoppi?] |
| Which color would you like? | **Minkä värisen haluaisitte?**<br>[miŋkæ værisen haluajsitte?] |
| size | length | **koko | pituus**<br>[koko | pitu:s] |
| How does it fit? | **Kuinka tämä istuu?**<br>[kujŋka tæmæ istu:?] |

| | |
|---|---|
| How much is it? | **Kuinka paljon se maksaa?**<br>[kujŋka paljon se maksa:?] |
| That's too expensive. | **Se on liian kallis.**<br>[se on li:an kallis] |
| I'll take it. | **Otan sen.**<br>[otan sen] |
| Excuse me, where do I pay? | **Anteeksi, missä voin maksaa?**<br>[ante:ksi, missæ vojn maksa:?] |

Will you pay in cash or credit card?

**Maksatteko käteisellä
vai luottokortilla?**
[maksatteko kætejsellæ
uaj luottokortilla?]

In cash | with credit card

**Käteisellä | luottokortilla**
[kætejsellæ | luottokortilla]

Do you want the receipt?

**Haluaisitteko kuitin?**
[haluajsitteko kujtin?]

Yes, please.

**Kyllä kiitos.**
[kyllæ ki:tos]

No, it's OK.

**Ei, en halua.**
[ej, en halua]

Thank you. Have a nice day!

**Kiitos. Mukavaa päivää!**
[ki:tos. mukaua: pæjuæ:!]

# In town

| | |
|---|---|
| Excuse me, please. | **Anteeksi.**<br>[ante:ksi] |
| I'm looking for ... | **Etsin ...**<br>[etsin ...] |
| the subway | **metro**<br>[metro] |
| my hotel | **hotellini**<br>[hotellini] |
| the movie theater | **elokuvateatteri**<br>[elokuʋateatteri] |
| a taxi stand | **taksipysäkki**<br>[taksipysækki] |
| an ATM | **pankkiautomaatti**<br>[paŋkkiautoma:tti] |
| a foreign exchange office | **valuutanvaihtopiste**<br>[ʋalu:tanʋajhtopiste] |
| an internet café | **Internet-kahvila**<br>[internet-kahʋila] |
| ... street | **... katu**<br>[... katu] |
| this place | **tämä paikka**<br>[tæmæ pajkka] |
| Do you know where ... is? | **Tiedättekö, missä on ...?**<br>[tiedættekø, missæ on ...?] |
| Which street is this? | **Mikä katu tämä on?**<br>[mikæ katu tæmæ on?] |
| Show me where we are right now. | **Voisitteko näyttää minulle,<br>missä me olemme nyt.**<br>[vojsitteko næyttæ: minulle,<br>missæ me olemme nyt] |
| Can I get there on foot? | **Voiko sinne kävellä?**<br>[vojko sinne kæʋellæ?] |
| Do you have a map of the city? | **Onko teillä kaupungin karttaa?**<br>[oŋko tejllæ kaupuŋgin kartta:?] |
| How much is a ticket to get in? | **Kuinka paljon pääsylippu maksaa?**<br>[kujŋka paljon pæ:sylippu maksa:?] |
| Can I take pictures here? | **Voinko ottaa täällä kuvia?**<br>[vojŋko otta: tæ:llæ kuʋia?] |
| Are you open? | **Oletteko auki?**<br>[oletteko auki?] |

When do you open?

**Milloin aukeatte?**
[millojn aukeatte?]

When do you close?

**Milloin menette kiinni?**
[millojn menette ki:nni?]

## Money

| money | **raha**<br>[raha] |
| cash | **käteinen**<br>[kætejnen] |
| paper money | **setelit**<br>[setelit] |
| loose change | **pikkuraha**<br>[pikkuraha] |
| check \| change \| tip | **lasku \| vaihtoraha \| tippi**<br>[lasku \| vajhtoraha \| tippi] |

| credit card | **luottokortti**<br>[luottokortti] |
| wallet | **lompakko**<br>[lompakko] |
| to buy | **ostaa**<br>[osta:] |
| to pay | **maksaa**<br>[maksa:] |
| fine | **sakko**<br>[sakko] |
| free | **ilmainen**<br>[ilmajnen] |

| Where can I buy ...? | **Mistä voin ostaa ...?**<br>[mistæ vojn osta: ...?] |
| Is the bank open now? | **Onko pankki nyt auki?**<br>[oŋko paŋkki nyt auki?] |
| When does it open? | **Milloin se aukeaa?**<br>[millojn se aukea:?] |
| When does it close? | **Milloin se menee kiinni?**<br>[millojn se mene: ki:nni?] |

| How much? | **Kuinka paljon?**<br>[kujŋka paljon?] |
| How much is this? | **Kuinka paljon tämä maksaa?**<br>[kujŋka paljon tæmæ maksa:?] |
| That's too expensive. | **Se on liian kallis.**<br>[se on li:an kallis] |

| Excuse me, where do I pay? | **Anteeksi, missä voin maksaa?**<br>[ante:ksi, missæ vojn maksa:?] |
| Check, please. | **Lasku, kiitos.**<br>[lasku, ki:tos] |

Can I pay by credit card?

**Voinko maksaa luottokortilla?**
[vojŋko maksa: luottokortilla?]

Is there an ATM here?

**Onko täällä pankkiautomaattia?**
[oŋko tæ:llæ paŋkkiautoma:ttia?]

I'm looking for an ATM.

**Etsin pankkiautomaattia.**
[etsin paŋkkiautoma:ttia]

I'm looking for a foreign exchange office.

**Etsin valuutanvaihtopistettä.**
[etsin ʋalu:tanʋajhtopistettæ]

I'd like to change ...

**Haluaisin vaihtaa ...**
[haluajsin ʋajhta: ...]

What is the exchange rate?

**Mikä on vaihtokurssi?**
[mikæ on ʋajhtokurssi?]

Do you need my passport?

**Tarvitsetteko passini?**
[tarʋitsetteko passini?]

# Time

| | |
|---|---|
| What time is it? | **Paljonko kello on?**<br>[pɑljoŋko kello on?] |
| When? | **Milloin?**<br>[millojn?] |
| At what time? | **Mihin aikaan?**<br>[mihin ɑjkɑ:n?] |
| now \| later \| after ... | **nyt \| myöhemmin \| jälkeen ...**<br>[nyt \| myøhemmin \| jælke:n ...] |

| | |
|---|---|
| one o'clock | **kello yksi**<br>[kello yksi] |
| one fifteen | **vartin yli yksi**<br>[ʋɑrtin yli yksi] |
| one thirty | **puoli kaksi**<br>[puoli kɑksi] |
| one forty-five | **varttia vaille kaksi**<br>[ʋɑrttiɑ ʋɑjlle kɑksi] |

| | |
|---|---|
| one \| two \| three | **yksi \| kaksi \| kolme**<br>[yksi \| kɑksi \| kolme] |
| four \| five \| six | **neljä \| viisi \| kuusi**<br>[neljæ \| ʋi:si \| ku:si] |
| seven \| eight \| nine | **seitsemän \| kahdeksan \| yhdeksän**<br>[sejtsemæn \| kɑhdeksɑn \| yhdeksæn] |
| ten \| eleven \| twelve | **kymmenen \| yksitoista \| kaksitoista**<br>[kymmenen \| yksitojstɑ \| kɑksitojstɑ] |

| | |
|---|---|
| in ... | **... kuluttua**<br>[... kuluttuɑ] |
| five minutes | **viiden minuutin kuluttua**<br>[ʋi:den minu:tin kuluttuɑ] |
| ten minutes | **kymmenen minuutin kuluttua**<br>[kymmenen minu:tin kuluttuɑ] |
| fifteen minutes | **viidentoista minuutin kuluttua**<br>[ʋi:dentojstɑ minu:tin kuluttuɑ] |
| twenty minutes | **kahdenkymmenen minuutin kuluttua**<br>[kɑhdeŋkymmenen minu:tin kuluttuɑ] |

| | |
|---|---|
| half an hour | **puolen tunnin kuluttua**<br>[puolen tunnin kuluttuɑ] |
| an hour | **tunnin kuluttua**<br>[tunnin kuluttuɑ] |

| in the morning | aamulla<br>[ɑːmulla] |
| early in the morning | aikaisin aamulla<br>[ajkajsin ɑːmulla] |
| this morning | tänä aamuna<br>[tænæ ɑːmuna] |
| tomorrow morning | huomenaamuna<br>[huomenɑːmuna] |

| at noon | keskipäivällä<br>[keskipæjuællæ] |
| in the afternoon | iltapäivällä<br>[iltapæjuællæ] |
| in the evening | illalla<br>[illalla] |
| tonight | tänä iltana<br>[tænæ iltana] |

| at night | yöllä<br>[yøllæ] |
| yesterday | eilen<br>[ejlen] |
| today | tänään<br>[tænæːn] |
| tomorrow | huomenna<br>[huomenna] |
| the day after tomorrow | ylihuomenna<br>[ylihuomenna] |

| What day is it today? | Mikä päivä tänään on?<br>[mikæ pæjuæ tænæːn on?] |
| It's ... | Tänään on ...<br>[tænæːn on ...] |
| Monday | maanantai<br>[mɑːnantaj] |
| Tuesday | tiistai<br>[tiːstaj] |
| Wednesday | keskiviikko<br>[keskiuiːkko] |

| Thursday | torstai<br>[torstaj] |
| Friday | perjantai<br>[perjantaj] |
| Saturday | lauantai<br>[lauantaj] |
| Sunday | sunnuntai<br>[sunnuntaj] |

## Greetings. Introductions

Hello.

**Hei.**
[hej]

Pleased to meet you.

**Mukava tavata.**
[mukaʋa taʋata]

Me too.

**Samoin.**
[samojn]

I'd like you to meet ...

**Saanko esitellä ...**
[saːŋko esitellæ ...]

Nice to meet you.

**Hauska tavata.**
[hauska taʋata]

How are you?

**Kuinka voit?**
[kujŋka ʋojt?]

My name is ...

**Nimeni on ...**
[nimeni on ...]

His name is ...

**Hänen nimensä on ...**
[hænen nimensæ on ...]

Her name is ...

**Hänen nimensä on ...**
[hænen nimensæ on ...]

What's your name?

**Mikä sinun nimesi on?**
[mikæ sinun nimesi on?]

What's his name?

**Mikä hänen nimensä on?**
[mikæ hænen nimensæ on?]

What's her name?

**Mikä hänen nimensä on?**
[mikæ hænen nimensæ on?]

What's your last name?

**Mikä on sukunimesi?**
[mikæ on sukunimesi?]

You can call me ...

**Voit soittaa minulle ...**
[vojt sojtta: minulle ...]

Where are you from?

**Mistä olet kotoisin?**
[mistæ olet kotojsin?]

I'm from ...

**Olen ...**
[olen ...]

What do you do for a living?

**Mitä teet työksesi?**
[mitæ teːt tyøksesi?]

Who is this?

**Kuka tämä on?**
[kuka tæmæ on?]

Who is he?

**Kuka hän on?**
[kuka hæn on?]

Who is she?

**Kuka hän on?**
[kuka hæn on?]

Who are they?

**Keitä he ovat?**
[kejtæ he oʋat?]

| This is ... | **Tämä on ...** |
| | [tæmæ on ...] |
| my friend (masc.) | **ystäväni** |
| | [ystæʋæni] |
| my friend (fem.) | **ystäväni** |
| | [ystæʋæni] |
| my husband | **mieheni** |
| | [mieheni] |
| my wife | **vaimoni** |
| | [ʋɑjmoni] |

| my father | **isäni** |
| | [isæni] |
| my mother | **äitini** |
| | [æjtini] |
| my brother | **veljeni** |
| | [ʋeljeni] |
| my sister | **siskoni** |
| | [siskoni] |
| my son | **poikani** |
| | [pojkɑni] |
| my daughter | **tyttäreni** |
| | [tyttæreni] |

| This is our son. | **Tämä on poikamme.** |
| | [tæmæ on pojkɑmme] |
| This is our daughter. | **Tämä on tyttäremme.** |
| | [tæmæ on tyttæremme] |
| These are my children. | **Nämä ovat lapsiani.** |
| | [næmæ oʋɑt lɑpsiɑni] |
| These are our children. | **Nämä ovat lapsiamme.** |
| | [næmæ oʋɑt lɑpsiɑmme] |

## Farewells

| | |
|---|---|
| Good bye! | **Näkemiin!** |
| | [nækemi:n!] |
| Bye! (inform.) | **Hei hei!** |
| | [hej hej!] |
| See you tomorrow. | **Nähdään huomenna.** |
| | [næhdæ:n huomenna] |
| See you soon. | **Nähdään pian.** |
| | [næhdæ:n pian] |
| See you at seven. | **Nähdään seitsemältä.** |
| | [næhdæ:n sejtsemæltæ] |

| | |
|---|---|
| Have fun! | **Pitäkää hauskaa!** |
| | [pitækæ: hauska:!] |
| Talk to you later. | **Jutellaan myöhemmin.** |
| | [jutella:n myøhemmin] |
| Have a nice weekend. | **Hyvää viikonloppua!** |
| | [hyʋæ: ʋi:konloppua!] |
| Good night. | **Hyvää yötä.** |
| | [hyʋæ: yøtæ] |

| | |
|---|---|
| It's time for me to go. | **Minun on aika lähteä.** |
| | [minun on ajka ʎæhteæ] |
| I have to go. | **Minun täytyy lähteä.** |
| | [minun tæyty: ʎæhteæ] |
| I will be right back. | **Tulen kohta takaisin.** |
| | [tulen kohta takajsin] |

| | |
|---|---|
| It's late. | **On myöhä.** |
| | [on myøhæ] |
| I have to get up early. | **Minun täytyy nousta aikaisin.** |
| | [minun tæyty: nousta ajkajsin] |
| I'm leaving tomorrow. | **Lähden huomenna.** |
| | [ʎæhden huomenna] |
| We're leaving tomorrow. | **Lähdemme huomenna.** |
| | [ʎæhdemme huomenna] |

| | |
|---|---|
| Have a nice trip! | **Hyvää matkaa!** |
| | [hyʋæ: matka:!] |
| It was nice meeting you. | **Oli mukava tavata.** |
| | [oli mukaʋa taʋata] |
| It was nice talking to you. | **Oli mukava jutella.** |
| | [oli mukaʋa jutella] |
| Thanks for everything. | **Kiitos kaikesta.** |
| | [ki:tos kajkesta] |

| | |
|---|---|
| I had a very good time. | **Minulla oli tosi hauskaa.**<br>[minulla oli tosi hauska:] |
| We had a very good time. | **Meillä oli tosi hauskaa.**<br>[mejllæ oli tosi hauska:] |
| It was really great. | **Se oli tosi mahtavaa.**<br>[se oli tosi mahtaʋa:] |
| I'm going to miss you. | **Tulen kaipaamaan sinua.**<br>[tulen kajpa:ma:n sinua] |
| We're going to miss you. | **Tulemme kaipaamaan sinua/teitä.**<br>[tulemme kajpa:ma:n sinua/tejtæ] |

| | |
|---|---|
| Good luck! | **Onnea matkaan!**<br>[onnea matka:n!] |
| Say hi to ... | **Kerro terveisiä ...**<br>[kerro terʋejsiæ ...] |

# Foreign language

| | |
|---|---|
| I don't understand. | **En ymmärrä.**<br>[en ymmærræ] |
| Write it down, please. | **Voisitko kirjoittaa sen.**<br>[vojsitko kirjojtta: sen] |
| Do you speak ...? | **Puhutko ...?**<br>[puhutko ...?] |

| | |
|---|---|
| I speak a little bit of ... | **Puhun vähän ...**<br>[puhun uæhæn ...] |
| English | **englantia**<br>[eŋglantia] |
| Turkish | **turkkia**<br>[turkkia] |
| Arabic | **arabiaa**<br>[arabia:] |
| French | **ranskaa**<br>[ranska:] |

| | |
|---|---|
| German | **saksaa**<br>[saksa:] |
| Italian | **italiaa**<br>[italia:] |
| Spanish | **espanjaa**<br>[espanja:] |
| Portuguese | **portugalia**<br>[portugalia] |
| Chinese | **kiinaa**<br>[ki:na:] |
| Japanese | **japania**<br>[japania] |

| | |
|---|---|
| Can you repeat that, please. | **Voisitko toistaa, kiitos.**<br>[vojsitko tojsta:, ki:tos] |
| I understand. | **Ymmärrän.**<br>[ymmærræn] |
| I don't understand. | **En ymmärrä.**<br>[en ymmærræ] |
| Please speak more slowly. | **Voisitko puhua hitaammin.**<br>[vojsitko puhua hita:mmin] |

| | |
|---|---|
| Is that correct? (Am I saying it right?) | **Onko tämä oikein?**<br>[oŋko tæmæ ojkejn?] |
| What is this? (What does this mean?) | **Mikä tämä on?**<br>[mikæ tæmæ on?] |

## Apologies

Excuse me, please.

**Anteeksi.**
[anteːksi]

I'm sorry.

**Olen pahoillani.**
[olen pahojllani]

I'm really sorry.

**Olen todella pahoillani.**
[olen todella pahojllani]

Sorry, it's my fault.

**Anteeksi, se on minun vikani.**
[anteːksi, se on minun ʋikani]

My mistake.

**Minun virheeni.**
[minun ʋirheːni]

May I ...?

**Saanko ...?**
[saːŋko ...?]

Do you mind if I ...?

**Haittaakko jos ...?**
[hajttaːkko jos ...?]

It's OK.

**Se on OK.**
[se on ok]

It's all right.

**Ole hyvä.**
[ole hyʋæ]

Don't worry about it.

**Ei tarvitse kiittää.**
[ej tarʋitse kiːttæː]

## Agreement

| Yes. | **Kyllä.** |
| | [kyllæ] |
| Yes, sure. | **Kyllä, varmasti.** |
| | [kyllæ, ʋɑrmɑsti] |
| OK (Good!) | **OK! Hyvä!** |
| | [ok! hyʋæ!] |
| Very well. | **Hyvä on.** |
| | [hyʋæ on] |
| Certainly! | **Totta kai!** |
| | [tottɑ kɑj!] |
| I agree. | **Olen samaa mieltä.** |
| | [olen sɑmɑ: mieltæ] |

| That's correct. | **Näin se on.** |
| | [næjn se on] |
| That's right. | **Juuri niin.** |
| | [ju:ri ni:n] |
| You're right. | **Olet oikeassa.** |
| | [olet ojkeɑssɑ] |
| I don't mind. | **Ei se minua haittaa.** |
| | [ej se minuɑ hɑjtɑ:] |
| Absolutely right. | **Täysin oikein.** |
| | [tæysin ojkejn] |

| It's possible. | **Se on mahdollista.** |
| | [se on mɑhdollistɑ] |
| That's a good idea. | **Tuo on hyvä idea.** |
| | [tuo on hyʋæ ideɑ] |
| I can't say no. | **En voi kieltäytyä.** |
| | [en ʋoj kieltæytyæ] |
| I'd be happy to. | **Mielelläni.** |
| | [mielellæni] |
| With pleasure. | **Mielihyvin.** |
| | [mielihyʋin] |

## Refusal. Expressing doubt

| | |
|---|---|
| No. | **Ei.** |
| | [ej] |
| Certainly not. | **Ei todellakaan.** |
| | [ej todellaka:n] |

| | |
|---|---|
| I don't agree. | **En ole samaa mieltä.** |
| | [en ole sama: mieltæ] |
| I don't think so. | **En usko.** |
| | [en usko] |
| It's not true. | **Se ei ole totta.** |
| | [se ej ole totta] |

| | |
|---|---|
| You are wrong. | **Olet väärässä.** |
| | [olet ʋæ:ræssæ] |
| I think you are wrong. | **Luulen, että olet väärässä.** |
| | [lu:len, ettæ olet ʋæ:ræssæ] |

| | |
|---|---|
| I'm not sure. | **En ole varma.** |
| | [en ole ʋarma] |
| It's impossible. | **Se on mahdotonta.** |
| | [se on mahdotonta] |
| Nothing of the kind (sort)! | **Ei mitään sellaista!** |
| | [ej mitæ:n sellajsta!] |

| | |
|---|---|
| The exact opposite. | **Täysin päinvastoin.** |
| | [tæysin pæjnʋastojn] |
| I'm against it. | **Vastustan sitä.** |
| | [ʋastustan sitæ] |
| I don't care. | **En välitä.** |
| | [en ʋælitæ] |
| I have no idea. | **Minulla ei ole aavistustakaan.** |
| | [minulla ej ole a:ʋistustaka:n] |
| I doubt that. | **Epäilen sitä.** |
| | [epæjlen sitæ] |

| | |
|---|---|
| Sorry, I can't. | **Olen pahoillani, mutta en voi.** |
| | [olen pahojllani, mutta en ʋoj] |
| Sorry, I don't want to. | **Olen pahoillani, mutta en halua.** |
| | [olen pahojllani, mutta en halua] |

| | |
|---|---|
| Thank you, but I don't need this. | **Kiitos, mutta en tarvitse tätä.** |
| | [ki:tos, mutta en tarʋitse tætæ] |
| It's late. | **Alkaa olla jo myöhä.** |
| | [alka: olla jo myøhæ] |

I have to get up early.

**Minun täytyy nousta aikaisin.**
[minun tæyty: nousta ajkajsin]

I don't feel well.

**En voi hyvin.**
[en voj hyvin]

# Expressing gratitude

| | |
|---|---|
| Thank you. | **Kiitos.**<br>[ki:tos] |
| Thank you very much. | **Tuhannet kiitokset.**<br>[tuhannet ki:tokset] |
| I really appreciate it. | **Arvostan sitä todella.**<br>[aruostan sitæ todella] |
| I'm really grateful to you. | **Olen tosi kiitollinen sinulle.**<br>[olen tosi ki:tollinen sinulle] |
| We are really grateful to you. | **Olemme tosi kiitollisia sinulle.**<br>[olemme tosi ki:tollisia sinulle] |
| Thank you for your time. | **Kiitos ajastasi.**<br>[ki:tos ajastasi] |
| Thanks for everything. | **Kiitos kaikesta.**<br>[ki:tos kajkesta] |
| Thank you for ... | **Kiitos ...**<br>[ki:tos ...] |
| your help | **avustasi**<br>[auustasi] |
| a nice time | **mukavasta ajasta**<br>[mukauasta ajasta] |
| a wonderful meal | **ihanasta ateriasta**<br>[ihanasta ateriasta] |
| a pleasant evening | **mukavasta illasta**<br>[mukauasta illasta] |
| a wonderful day | **ihanasta päivästä**<br>[ihanasta pæjuæstæ] |
| an amazing journey | **mahtavasta matkasta**<br>[mahtauasta matkasta] |
| Don't mention it. | **Ei kestä.**<br>[ej kestæ] |
| You are welcome. | **Ole hyvä.**<br>[ole hyuæ] |
| Any time. | **Eipä kestä.**<br>[ejpæ kestæ] |
| My pleasure. | **Ilo on kokonaan minun puolellani.**<br>[ilo on kokona:n minun puolellani] |
| Forget it. It's alright. | **Unohda se.**<br>[unohda se] |
| Don't worry about it. | **Ei tarvitse kiittää.**<br>[ej taruitse ki:ttæ:] |

## Congratulations. Best wishes

| | |
|---|---|
| Congratulations! | **Onnittelut!**<br>[onnittelut!] |
| Happy birthday! | **Hyvää syntymäpäivää!**<br>[hyʋæ: syntymæpæjʋæ:!] |
| Merry Christmas! | **Hyvää joulua!**<br>[hyʋæ: joulua!] |
| Happy New Year! | **Onnellista Uutta Vuotta!**<br>[onnellista uutta vuotta!] |
| Happy Easter! | **Hyvää Pääsiäistä!**<br>[hyʋæ: pæ:siæjstæ!] |
| Happy Hanukkah! | **Onnellista Hanukkaa!**<br>[onnellista hanukka:!] |
| I'd like to propose a toast. | **Haluaisin ehdottaa maljaa.**<br>[haluajsin ehdotta: malja:] |
| Cheers! | **Kippis!**<br>[kippis!] |
| Let's drink to …! | **Malja …!**<br>[malja …!] |
| To our success! | **Menestykselle!**<br>[menestykselle!] |
| To your success! | **Menestyksellesi!**<br>[menestyksellesi!] |
| Good luck! | **Onnea matkaan!**<br>[onnea matka:n!] |
| Have a nice day! | **Mukavaa päivää!**<br>[mukaʋa: pæjʋæ:!] |
| Have a good holiday! | **Mukavaa lomaa!**<br>[mukaʋa: loma:!] |
| Have a safe journey! | **Turvallista matkaa!**<br>[turʋallista matka:!] |
| I hope you get better soon! | **Toivon että paranet pian!**<br>[tojʋon ettæ paranet pian!] |

## Socializing

| | |
|---|---|
| Why are you sad? | **Miksi olet surullinen?**<br>[miksi olet surullinen?] |
| Smile! Cheer up! | **Hymyile! Piristy!**<br>[hymyile! piristy!] |
| Are you free tonight? | **Oletko vapaa tänä iltana?**<br>[oletko ʋapa: tænæ iltɑnɑ?] |

| | |
|---|---|
| May I offer you a drink? | **Voinko tarjota sinulle juotavaa?**<br>[vojŋko tarjota sinulle juotɑʋɑ:?] |
| Would you like to dance? | **Haluaisitko tulla tanssimaan?**<br>[hɑluɑjsitko tulla tɑnssimɑ:n?] |
| Let's go to the movies. | **Mennään elokuviin.**<br>[mennæ:n elokuʋi:n] |

| | |
|---|---|
| May I invite you to …? | **Saanko kutsua sinut …?**<br>[sɑ:ŋko kutsuɑ sinut …?] |
| a restaurant | **ravintolaan**<br>[rɑʋintolɑ:n] |
| the movies | **elokuviin**<br>[elokuʋi:n] |
| the theater | **teatteriin**<br>[teɑtteri:n] |
| go for a walk | **kävelylle**<br>[kæʋelylle] |

| | |
|---|---|
| At what time? | **Mihin aikaan?**<br>[mihin ɑjkɑ:n?] |
| tonight | **tänä iltana**<br>[tænæ iltɑnɑ] |
| at six | **kuudelta**<br>[ku:deltɑ] |
| at seven | **seitsemältä**<br>[sejtsemæltæ] |
| at eight | **kahdeksalta**<br>[kɑhdeksɑltɑ] |
| at nine | **yhdeksältä**<br>[yhdeksæltæ] |

| | |
|---|---|
| Do you like it here? | **Pidätkö tästä paikasta?**<br>[pidætkø tæstæ pɑjkɑstɑ?] |
| Are you here with someone? | **Oletko täällä jonkun kanssa?**<br>[oletko tæ:llæ joŋkun kɑnssɑ?] |
| I'm with my friend. | **Olen ystäväni kanssa.**<br>[olen ystæʋæni kɑnssɑ] |

I'm with my friends.

No, I'm alone.

**Olen ystävieni kanssa.**
[olen ystæuieni kanssa]

**Ei, olen yksin.**
[ej, olen yksin]

Do you have a boyfriend?

I have a boyfriend.

Do you have a girlfriend?

I have a girlfriend.

**Onko sinulla poikaystävää?**
[oŋko sinulla pojkaystæuæ:?]

**Minulla on poikaystävä.**
[minulla on pojkaystæuæ]

**Onko sinulla tyttöystävää?**
[oŋko sinulla tyttøystæuæ:?]

**Minulla on tyttöystävä.**
[minulla on tyttøystæuæ]

Can I see you again?

Can I call you?

Call me. (Give me a call.)

What's your number?

I miss you.

**Saanko tavata sinut uudelleen?**
[sa:ŋko tauata sinut u:delle:n?]

**Saanko soittaa sinulle?**
[sa:ŋko sojtta: sinulle?]

**Soita minulle.**
[sojta minulle]

**Mikä on puhelinnumerosi?**
[mikæ on puhelinnumerosi?]

**Kaipaan sinua.**
[kajpa:n sinua]

You have a beautiful name.

I love you.

Will you marry me?

You're kidding!

I'm just kidding.

**Sinulla on kaunis nimi.**
[sinulla on kaunis nimi]

**Rakastan sinua.**
[rakastan sinua]

**Menisitkö naimisiin kanssani?**
[menisitkø najmisi:n kanssani?]

**Lasket leikkiä!**
[lasket lejkkiæ!]

**Lasken vain leikkiä.**
[lasken uajn lejkkiæ]

Are you serious?

I'm serious.

Really?!

It's unbelievable!

I don't believe you.

I can't.

I don't know.

I don't understand you.

**Oletko tosissasi?**
[oletko tosissasi?]

**Olen tosissani.**
[olen tosissani]

**Ihanko totta?!**
[ihaŋko totta?!]

**Se on uskomatonta!**
[se on uskomatonta!]

**En usko sinua.**
[en usko sinua]

**En voi.**
[en uoj]

**En tiedä.**
[en tiedæ]

**En ymmärrä sinua.**
[en ymmærræ sinua]

Please go away.

**Ole hyvä mene pois.**
[ole hyʋæ mene pojs]

Leave me alone!

**Jätä minut rauhaan!**
[jætæ minut rɑuhɑ:n!]

I can't stand him.

**En voi sietää häntä.**
[en ʋoj sietæ: hæntæ]

You are disgusting!

**Olet inhottava!**
[olet inhottɑʋɑ!]

I'll call the police!

**Soitan poliisille!**
[sojtɑn poli:sille!]

## Sharing impressions. Emotions

| | |
|---|---|
| I like it. | **Pidän siitä.**<br>[pidæn si:tæ] |
| Very nice. | **Tosi kiva.**<br>[tosi kiʋa] |
| That's great! | **Sepä hienoa!**<br>[sepæ hienoa!] |
| It's not bad. | **Ei huono.**<br>[ej huono] |

| | |
|---|---|
| I don't like it. | **En pidä siitä.**<br>[en pidæ si:tæ] |
| It's not good. | **Se ei ole hyvä.**<br>[se ej ole hyʋæ] |
| It's bad. | **Se on huono.**<br>[se on huono] |
| It's very bad. | **Se on tosi huono.**<br>[se on tosi huono] |
| It's disgusting. | **Se on inhottava.**<br>[se on inhottaʋa] |

| | |
|---|---|
| I'm happy. | **Olen onnellinen.**<br>[olen onnellinen] |
| I'm content. | **Olen tyytyväinen.**<br>[olen ty:tyʋæjnen] |
| I'm in love. | **Olen rakastunut.**<br>[olen rakastunut] |
| I'm calm. | **Olen rauhallinen.**<br>[olen rauhallinen] |
| I'm bored. | **Olen tylsistynyt.**<br>[olen tylsistynyt] |

| | |
|---|---|
| I'm tired. | **Olen väsynyt.**<br>[olen ʋæsynyt] |
| I'm sad. | **Olen surullinen.**<br>[olen surullinen] |
| I'm frightened. | **Olen peloissani.**<br>[olen pelojssani] |

| | |
|---|---|
| I'm angry. | **Olen vihainen.**<br>[olen ʋihajnen] |
| I'm worried. | **Olen huolissani.**<br>[olen huolissani] |
| I'm nervous. | **Olen hermostunut.**<br>[olen hermostunut] |

I'm jealous. (envious)

**Olen mustasukkainen.**
[olen mustasukkajnen]

I'm surprised.

**Olen yllättynyt.**
[olen yllættynyt]

I'm perplexed.

**Olen hämilläni.**
[olen hæmillæni]

# Problems. Accidents

| | |
|---|---|
| I've got a problem. | **Minulla on ongelma.**<br>[minulla on oŋgelma] |
| We've got a problem. | **Meillä on ongelma.**<br>[mejllæ on oŋgelma] |
| I'm lost. | **Olen eksynyt.**<br>[olen eksynyt] |
| I missed the last bus (train). | **Myöhästyin viimeisestä bussista (junasta).**<br>[myøhæstyin ʋi:mejsestæ bussista (junasta)] |
| I don't have any money left. | **Minulla ei ole ollenkaan rahaa jäljellä.**<br>[minulla ej ole olleŋka:n raha: jæljellæ] |

| | |
|---|---|
| I've lost my ... | **Olen hukannut ...**<br>[olen hukannut ...] |
| Someone stole my ... | **Joku varasti minun ...**<br>[joku ʋarasti minun ...] |
| passport | **passini**<br>[passini] |
| wallet | **lompakkoni**<br>[lompakkoni] |
| papers | **paperini**<br>[paperini] |
| ticket | **lippuni**<br>[lippuni] |

| | |
|---|---|
| money | **rahani**<br>[rahani] |
| handbag | **käsilaukkuni**<br>[kæsilaukkuni] |
| camera | **kamerani**<br>[kamerani] |
| laptop | **kannettavani**<br>[kannettaʋani] |
| tablet computer | **tablettini**<br>[tablettini] |
| mobile phone | **kännykkäni**<br>[kænnykkæni] |

| | |
|---|---|
| Help me! | **Auta minua!**<br>[auta minua!] |
| What's happened? | **Mitä on tapahtunut?**<br>[mitæ on tapahtunut?] |

fire

**tulipalo**
[tulipalo]

shooting

**ampuminen**
[ampuminen]

murder

**murha**
[murha]

explosion

**räjähdys**
[ræjæhdys]

fight

**tappelu**
[tappelu]

Call the police!

**Soita poliisille!**
[sojta poli:sille!]

Please hurry up!

**Pidä kiirettä!**
[pidæ ki:rettæ!]

I'm looking for the police station.

**Etsin poliisiasemaa.**
[etsin poli:siasema:]

I need to make a call.

**Minun täytyy soittaa.**
[minun tæyty: sojtta:]

May I use your phone?

**Saanko käyttää puhelintasi?**
[sa:ŋko kæyttæ: puhelintasi?]

I've been ...

**Minut on ...**
[minut on ...]

mugged

**ryöstetty**
[ryøstetty]

robbed

**ryöstetty**
[ryøstetty]

raped

**raiskattu**
[rajskattu]

attacked (beaten up)

**pahoinpidelty**
[pahojnpidelty]

Are you all right?

**Oletko kunnossa?**
[oletko kunnossa?]

Did you see who it was?

**Näitkö, kuka se oli?**
[næjtkø, kuka se oli?]

Would you be able to recognize the person?

**Pystyisitkö tunnistamaan henkilön?**
[pystyisitkø tunnistama:n heŋkiløn?]

Are you sure?

**Oletko varma?**
[oletko ʋarma?]

Please calm down.

**Rauhoitu.**
[rauhojtu]

Take it easy!

**Rentoudu!**
[rentoudu!]

Don't worry!

**Älä huolehdi!**
[æʎæ huolehdi!]

Everything will be fine.

**Kaikki järjestyy.**
[kajkki jærjesty:]

Everything's all right.

**Kaikki on kunnossa.**
[kajkki on kunnossa]

Come here, please.

I have some questions for you.

Wait a moment, please.

Do you have any I.D.?

Thanks. You can leave now.

Hands behind your head!

You're under arrest!

**Tule tänne.**
[tule tænne]

**Minulla on joitakin kysymyksiä sinulle.**
[minulla on jojtakin kysymyksiæ sinulle]

**Odota hetki.**
[odota hetki]

**Onko sinulla henkilöllisyystodistus?**
[oŋko sinulla heŋkiløllisy:stodistus?]

**Kiitos. Voit nyt lähteä.**
[ki:tos. vojt nyt ʎæhteæ]

**Kädet pään taakse!**
[kædet pæ:n ta:kse!]

**Sinut on pidätetty!**
[sinut on pidætetty!]

## Health problems

| | |
|---|---|
| Please help me. | **Voisitko auttaa minua.**<br>[vojsitko autta: minua] |
| I don't feel well. | **En voi hyvin.**<br>[en uoj hyuin] |
| My husband doesn't feel well. | **Mieheni ei voi hyvin.**<br>[mieheni ej uoj hyuin] |
| My son ... | **Poikani ...**<br>[pojkani ...] |
| My father ... | **Isäni ...**<br>[isæni ...] |
| My wife doesn't feel well. | **Vaimoni ei voi hyvin.**<br>[vajmoni ej uoj hyuin] |
| My daughter ... | **Tyttäreni ...**<br>[tyttæreni ...] |
| My mother ... | **Äitini ...**<br>[æjtini ...] |
| I've got a ... | **Minulla on ...**<br>[minulla on ...] |
| headache | **päänsärky**<br>[pæ:nsærky] |
| sore throat | **kipeä kurkku**<br>[kipeæ kurkku] |
| stomach ache | **vatsakipu**<br>[uatsakipu] |
| toothache | **hammassärky**<br>[hammassærky] |
| I feel dizzy. | **Minua huimaa.**<br>[minua hujma:] |
| He has a fever. | **Hänellä on kuumetta.**<br>[hænellæ on ku:metta] |
| She has a fever. | **Hänellä on kuumetta.**<br>[hænellæ on ku:metta] |
| I can't breathe. | **En voi hengittää.**<br>[en uoj heŋgittæ:] |
| I'm short of breath. | **Olen hengästynyt.**<br>[olen heŋgæstynyt] |
| I am asthmatic. | **Minulla on astma.**<br>[minulla on astma] |
| I am diabetic. | **Minulla on diabetes.**<br>[minulla on diabetes] |

I can't sleep. **En voi nukkua.**
[en voj nukkua]

food poisoning **ruokamyrkytys**
[ruokamyrkytys]

It hurts here. **Minua sattuu tästä.**
[minua sattu: tæstæ]

Help me! **Auta minua!**
[auta minua!]

I am here! **Olen täällä!**
[olen tæ:llæ!]

We are here! **Olemme täällä!**
[olemme tæ:llæ!]

Get me out of here! **Päästä minut pois täältä!**
[pæ:stæ minut pojs tæ:ltæ!]

I need a doctor. **Tarvitsen lääkärin.**
[tarvitsen ʎæ:kærin]

I can't move. **En voi liikkua.**
[en voj li:kkua]

I can't move my legs. **En voi liikuttaa jalkojani.**
[en voj li:kutta: jalkojani]

I have a wound. **Minulla on haava.**
[minulla on ha:va]

Is it serious? **Onko se vakavaa?**
[oŋko se vakava:?]

My documents are in my pocket. **Asiakirjani ovat taskussani.**
[asiakirjani ovat taskussani]

Calm down! **Rauhoitu!**
[rauhojtu!]

May I use your phone? **Saanko käyttää puhelintasi?**
[sa:ŋko kæyttæ: puhelintasi?]

Call an ambulance! **Soita ambulanssi!**
[sojta ambulanssi!]

It's urgent! **Tämä on kiireellistä!**
[tæmæ on ki:re:llistæ!]

It's an emergency! **Tämä on hätätilanne!**
[tæmæ on hætætilanne!]

Please hurry up! **Pidä kiirettä!**
[pidæ ki:rettæ!]

Would you please call a doctor? **Soittaisitko lääkärin?**
[sojttajsitko ʎæ:kærin?]

Where is the hospital? **Missä sairaala on?**
[missæ sajra:la on?]

How are you feeling? **Kuinka voit?**
[kujŋka vojt?]

Are you all right? **Oletko kunnossa?**
[oletko kunnossa?]

What's happened? **Mitä on tapahtunut?**
[mitæ on tapahtunut?]

| | |
|---|---|
| I feel better now. | **Voin nyt paremmin.**<br>[vojn nyt paremmin] |
| It's OK. | **Se on okei.**<br>[se on okej] |
| It's all right. | **Se on hyvä.**<br>[se on hyʋæ] |

## At the pharmacy

pharmacy (drugstore)

**apteekki**
[apte:kki]

24-hour pharmacy

**päivystävä apteekki**
[pæjʊystæʊæ apte:kki]

Where is the closest pharmacy?

**Missä on lähin apteekki?**
[missæ on ʎæhin apte:kki?]

Is it open now?

**Onko se nyt auki?**
[oŋko se nyt auki?]

At what time does it open?

**Milloin se aukeaa?**
[millojn se aukea:?]

At what time does it close?

**Milloin se menee kiinni?**
[millojn se mene: ki:nni?]

Is it far?

**Onko se kaukana?**
[oŋko se kaukana?]

Can I get there on foot?

**Voiko sinne kävellä?**
[vojko sinne kæʊellæ?]

Can you show me on the map?

**Voitko näyttää minulle kartalta?**
[vojtko næyttæ: minulle kartalta?]

Please give me something for ...

**Voisitko antaa minulle jotakin ...**
[vojsitko anta: minulle jotakin ...]

a headache

**päänsärkyyn**
[pæ:nsærky:n]

a cough

**yskään**
[yskæ:n]

a cold

**vilustumiseen**
[ʊilustumise:n]

the flu

**flunssaan**
[flunssa:n]

a fever

**kuumeeseen**
[ku:me:se:n]

a stomach ache

**vatsakipuun**
[ʊatsakipu:n]

nausea

**pahoinvointiin**
[pahojnʊojnti:n]

diarrhea

**ripuliin**
[ripuli:n]

constipation

**ummetukseen**
[ummetukse:n]

pain in the back

**selkäkipuun**
[selkækipu:n]

| | |
|---|---|
| chest pain | **rintakipuun**<br>[rintakipu:n] |
| side stitch | **pistävään kipuun kyljessä**<br>[pistæuæ:n kipu:n kyljessæ] |
| abdominal pain | **vatsakipuun**<br>[uatsakipu:n] |

| | |
|---|---|
| pill | **pilleri**<br>[pilleri] |
| ointment, cream | **voide**<br>[uojde] |
| syrup | **nestemäinen lääke**<br>[nestemæjnen ʌæ:ke] |
| spray | **suihke**<br>[sujhke] |
| drops | **tipat**<br>[tipat] |

| | |
|---|---|
| You need to go to the hospital. | **Sinun täytyy mennä sairaalaan.**<br>[sinun tæyty: mennæ sajra:la:n] |
| health insurance | **sairausvakuutus**<br>[sajrausuaku:tus] |
| prescription | **resepti**<br>[resepti] |
| insect repellant | **hyönteiskarkote**<br>[hyøntejskarkote] |
| Band Aid | **laastari**<br>[la:stari] |

## The bare minimum

| | |
|---|---|
| Excuse me, ... | **Anteeksi, ...**<br>[ante:ksi, ...] |
| Hello. | **Hei.**<br>[hej] |
| Thank you. | **Kiitos.**<br>[ki:tos] |
| Good bye. | **Näkemiin.**<br>[nækemi:n] |
| Yes. | **Kyllä.**<br>[kyllæ] |
| No. | **Ei.**<br>[ej] |
| I don't know. | **En tiedä.**<br>[en tiedæ] |
| Where? \| Where to? \| When? | **Missä? \| Minne? \| Milloin?**<br>[missæ? \| minne? \| millojn?] |
| I need ... | **Tarvitsen ...**<br>[tɑrʋitsen ...] |
| I want ... | **Haluan ...**<br>[hɑluɑn ...] |
| Do you have ...? | **Onko sinulla ...?**<br>[oŋko sinullɑ ...?] |
| Is there a ... here? | **Onko täällä ...?**<br>[oŋko tæ:llæ ...?] |
| May I ...? | **Voinko ...?**<br>[vojŋko ...?] |
| ..., please (polite request) | **..., kiitos**<br>[..., ki:tos] |
| I'm looking for ... | **Etsin ...**<br>[etsin ...] |
| restroom | **WC**<br>[ʋɛsɛ] |
| ATM | **pankkiautomaatti**<br>[pɑŋkkiɑutomɑ:tti] |
| pharmacy (drugstore) | **apteekki**<br>[ɑpte:kki] |
| hospital | **sairaala**<br>[sɑjrɑ:lɑ] |
| police station | **poliisiasema**<br>[poli:siɑsemɑ] |
| subway | **metro**<br>[metro] |

| | |
|---|---|
| taxi | **taksi**<br>[taksi] |
| train station | **rautatieasema**<br>[rautatieasema] |

| | |
|---|---|
| My name is ... | **Nimeni on ...**<br>[nimeni on ...] |
| What's your name? | **Mikä sinun nimesi on?**<br>[mikæ sinun nimesi on?] |
| Could you please help me? | **Voisitko auttaa minua?**<br>[vojsitko autta: minua?] |
| I've got a problem. | **Minulla on ongelma.**<br>[minulla on oŋgelma] |
| I don't feel well. | **En voi hyvin.**<br>[en voj hyvin] |
| Call an ambulance! | **Soita ambulanssi!**<br>[sojta ambulanssi!] |
| May I make a call? | **Voisinko soittaa?**<br>[vojsiŋko sojtta:?] |

| | |
|---|---|
| I'm sorry. | **Olen pahoillani.**<br>[olen pahojllani] |
| You're welcome. | **Ole hyvä.**<br>[ole hyvæ] |

| | |
|---|---|
| I, me | **minä \| mä**<br>[minæ \| mæ] |
| you (inform.) | **sinä \| sä**<br>[sinæ \| sæ] |
| he | **hän \| se**<br>[hæn \| se] |
| she | **hän \| se**<br>[hæn \| se] |
| they (masc.) | **he \| ne**<br>[he \| ne] |
| they (fem.) | **he \| ne**<br>[he \| ne] |
| we | **me**<br>[me] |
| you (pl) | **te**<br>[te] |
| you (sg, form.) | **sinä**<br>[sinæ] |

| | |
|---|---|
| ENTRANCE | **SISÄÄN**<br>[sisæ:n] |
| EXIT | **ULOS**<br>[ulos] |
| OUT OF ORDER | **EPÄKUNNOSSA**<br>[epækunnossa] |
| CLOSED | **SULJETTU**<br>[suljettu] |

OPEN

**AVOIN**
[avojn]

FOR WOMEN

**NAISILLE**
[najsille]

FOR MEN

**MIEHILLE**
[miehille]

# MINI DICTIONARY

This section contains 250
useful words required for
everyday communication.
You will find the names of
months and days of the week
here. The dictionary also
contains topics such as colors,
measurements, family, and
more

T&P Books Publishing

# DICTIONARY CONTENTS

T&P Books Publishing

| | | |
|---|---|---|
| time | **aika** | [ɑjkɑ] |
| hour | **tunti** | [tunti] |
| half an hour | **puoli tuntia** | [puoli tuntiɑ] |
| minute | **minuutti** | [minuːtti] |
| second | **sekunti** | [sekunti] |
| today (adv) | **tänään** | [tænæːn] |
| tomorrow (adv) | **huomenna** | [huomeŋɑ] |
| yesterday (adv) | **eilen** | [ejlen] |
| Monday | **maanantai** | [mɑːnɑntɑj] |
| Tuesday | **tiistai** | [tiːistɑj] |
| Wednesday | **keskiviikko** | [keskiʋiːikko] |
| Thursday | **torstai** | [torstɑj] |
| Friday | **perjantai** | [perʰjɑntɑj] |
| Saturday | **lauantai** | [lɑuɑntɑj] |
| Sunday | **sunnuntai** | [suŋuntɑj] |
| day | **päivä** | [pæjʋæ] |
| working day | **työpäivä** | [tyøpæjʋæ] |
| public holiday | **juhlapäivä** | [juhlɑpæjʋæ] |
| weekend | **viikonloppu** | [ʋiːikon loppu] |
| week | **viikko** | [ʋiːikko] |
| last week (adv) | **viime viikolla** | [ʋiːime ʋiːikollɑ] |
| next week (adv) | **ensi viikolla** | [ensi ʋiːikollɑ] |
| in the morning | **aamulla** | [ɑːmullɑ] |
| in the afternoon | **iltapäivällä** | [iltɑ pæjʋæʎæ] |
| in the evening | **illalla** | [illɑllɑ] |
| tonight (this evening) | **tänä iltana** | [tæŋæ iltɑnɑ] |
| at night | **yöllä** | [yøʎæ] |
| midnight | **puoliyö** | [puoli yø] |
| January | **tammikuu** | [tɑmmikuː] |
| February | **helmikuu** | [helmikuː] |
| March | **maaliskuu** | [mɑːliskuː] |
| April | **huhtikuu** | [huhtikuː] |
| May | **toukokuu** | [toukokuː] |
| June | **kesäkuu** | [kesækuː] |
| July | **heinäkuu** | [hejnækuː] |
| August | **elokuu** | [elokuː] |

| September | syyskuu | [sy:sku:] |
| October | lokakuu | [lokaku:] |
| November | marraskuu | [marrasku:] |
| December | joulukuu | [øuluku:] |

| in spring | keväällä | [keʋæ:ʎæ] |
| in summer | kesällä | [kesæʎæ] |
| in fall | syksyllä | [syksyʎæ] |
| in winter | talvella | [talʋella] |

| month | kuukausi | [ku:kausi] |
| season (summer, etc.) | kausi | [kausi] |
| year | vuosi | [ʋuosi] |

## 2. Numbers. Numerals

| 0 zero | nolla | [nolla] |
| 1 one | yksi | [yksi] |
| 2 two | kaksi | [kaksi] |
| 3 three | kolme | [kolme] |
| 4 four | neljä | [nelʰjæ] |

| 5 five | viisi | [ʋi:isi] |
| 6 six | kuusi | [ku:si] |
| 7 seven | seitsemän | [sejtsemæn] |
| 8 eight | kahdeksan | [kahdeksan] |
| 9 nine | yhdeksän | [yhdeksæn] |
| 10 ten | kymmenen | [kymmenen] |

| 11 eleven | yksitoista | [yksi tojsta] |
| 12 twelve | kaksitoista | [kaksi tojsta] |
| 13 thirteen | kolmetoista | [kolme tojsta] |
| 14 fourteen | neljätoista | [nelʰjæ tojsta] |
| 15 fifteen | viisitoista | [ʋi:isi tojsta] |

| 16 sixteen | kuusitoista | [ku:si tojsta] |
| 17 seventeen | seitsemäntoista | [sejtsemæn tojsta] |
| 18 eighteen | kahdeksantoista | [kahdeksan tojsta] |
| 19 nineteen | yhdeksäntoista | [yhdeksæn tojsta] |

| 20 twenty | kaksikymmentä | [kaksi kymmentæ] |
| 30 thirty | kolmekymmentä | [kolme kymmentæ] |
| 40 forty | neljäkymmentä | [nelʰjæ kymmentæ] |
| 50 fifty | viisikymmentä | [ʋi:isi kymmentæ] |

| 60 sixty | kuusikymmentä | [ku:si kymmentæ] |
| 70 seventy | seitsemänkymmentä | [sejtsemæn kymmentæ] |
| 80 eighty | kahdeksankymmentä | [kahdeksan kymmentæ] |
| 90 ninety | yhdeksänkymmentä | [yhdeksæn kymmentæ] |
| 100 one hundred | sata | [sata] |

| 200 two hundred | kaksisataa | [kaksi sata:] |
| 300 three hundred | kolmesataa | [kolme sata:] |
| 400 four hundred | neljäsataa | [nelʰjæ sata:] |
| 500 five hundred | viisisataa | [ʋi:isi sata:] |

| 600 six hundred | kuusisataa | [ku:si sata:] |
| 700 seven hundred | seitsemänsataa | [sejtsemæn sata:] |
| 800 eight hundred | kahdeksansataa | [kahdeksan sata:] |
| 900 nine hundred | yhdeksänsataa | [yhdeksæn sata:] |
| 1000 one thousand | tuhat | [tuhat] |

| 10000 ten thousand | kymmenentuhatta | [kymmenen tuhatta] |
| one hundred thousand | satatuhatta | [sata tuhatta] |

| million | miljoona | [milʰø:na] |
| billion | miljardi | [milʰjardi] |

## 3. Humans. Family

| man (adult male) | mies | [mies] |
| young man | nuorukainen | [nuorukajnen] |
| woman | nainen | [najnen] |
| girl (young woman) | neiti | [nejti] |
| old man | vanhus | [ʋanhus] |
| old woman | eukko | [eukko] |

| mother | äiti | [æjti] |
| father | isä | [isæ] |
| son | poika | [pojka] |
| daughter | tytär | [tytær] |
| brother | veli | [ʋeli] |
| sister | sisar | [sisar] |

| parents | vanhemmat | [ʋanhemmat] |
| child | lapsi | [lapsi] |
| children | lapset | [lapset] |
| stepmother | äitipuoli | [æjtipuoli] |
| stepfather | isäpuoli | [isæpuoli] |

| grandmother | isoäiti | [isoæjti] |
| grandfather | isoisä | [isoisæ] |
| grandson | lapsenlapsi | [lapsenlapsi] |
| granddaughter | lapsenlapsi | [lapsenlapsi] |
| grandchildren | lastenlapset | [lasten lapset] |

| uncle | setä | [setæ] |
| aunt | täti | [tæti] |
| nephew | veljenpoika | [ʋeʎæn pojka] |
| niece | sisarenpoika | [sisaren pojka] |
| wife | vaimo | [ʋajmo] |

| husband | mies | [mies] |
|---|---|---|
| married (masc.) | naimisissa oleva | [nɑjmisissɑ oleʋɑ] |
| married (fem.) | naimisissa oleva | [nɑjmisissɑ oleʋɑ] |
| widow | leski | [leski] |
| widower | leski | [leski] |

| name (first name) | nimi | [nimi] |
|---|---|---|
| surname (last name) | sukunimi | [sukunimi] |

| relative | sukulainen | [sukulɑjnen] |
|---|---|---|
| friend (masc.) | ystävä | [ystæʋæ] |
| friendship | ystävyys | [ystæʋy:s] |

| partner | partneri | [pɑrtneri] |
|---|---|---|
| superior (n) | päällikkö | [pæ:likkø] |
| colleague | virkatoveri | [ʋirkɑ toʋeri] |
| neighbors | naapurit | [nɑ:purit] |

## 4. Human body

| body | vartalo | [ʋɑrtɑlo] |
|---|---|---|
| heart | sydän | [sydæn] |
| blood | veri | [ʋeri] |
| brain | aivot | [ɑjʋot] |

| bone | luu | [lu:] |
|---|---|---|
| spine (backbone) | selkäranka | [selkærɑŋkɑ] |
| rib | kylkiluu | [kylkilu:] |
| lungs | keuhkot | [keuhkot] |
| skin | iho | [iho] |

| head | pää | [pæ:] |
|---|---|---|
| face | kasvot | [kɑsʋot] |
| nose | nenä | [neɲæ] |
| forehead | otsa | [otsɑ] |
| cheek | poski | [poski] |

| mouth | suu | [su:] |
|---|---|---|
| tongue | kieli | [kieli] |
| tooth | hammas | [hɑmmɑs] |
| lips | huulet | [hu:let] |
| chin | leuka | [leukɑ] |

| ear | korva | [korʋɑ] |
|---|---|---|
| neck | kaula | [kɑulɑ] |
| eye | silmä | [silmæ] |
| pupil | silmäterä | [silmæteræ] |
| eyebrow | kulmakarva | [kulmɑkɑrʋɑ] |
| eyelash | ripsi | [ripsi] |
| hair | hiukset | [hiukset] |

| hairstyle | kampaus | [kampaus] |
| mustache | viikset | [ʋi:ikset] |
| beard | parta | [parta] |
| to have (a beard, etc.) | hänellä on parta | [hæneʌæ on parta] |
| bald (adj) | kaljupäinen | [kalʰjupæjnen] |

| hand | käsi | [kæsi] |
| arm | käsivarsi | [kæsiʋarssi] |
| nail | kynsi | [kynsi] |
| palm | kämmen | [kæmmen] |

| shoulder | hartia | [hartia] |
| leg | jalka | [jalka] |
| knee | polvi | [polʋi] |
| heel | kantapää | [kantapæ:] |
| back | selkä | [selkæ] |

## 5. Clothing. Personal accessories

| clothes | vaatteet | [ʋa:tte:t] |
| coat (overcoat) | takki | [takki] |
| fur coat | turkki | [turkki] |
| jacket (e.g., leather ~) | takki | [takki] |
| raincoat (trenchcoat, etc.) | sadetakki | [sadetakki] |

| shirt (button shirt) | paita | [pajta] |
| pants | housut | [housut] |
| suit jacket | takki | [takki] |
| suit | puku | [puku] |

| dress (frock) | leninki | [leniŋki] |
| skirt | hame | [hame] |
| T-shirt | T-paita | [tepajta] |
| bathrobe | froteinen aamutakki | [frotejnen a:mutakki] |
| pajamas | pyjama | [pyjama] |
| workwear | työvaatteet | [tyøʋa:tte:t] |

| underwear | alusvaatteet | [alusʋa:tte:t] |
| socks | sukat | [sukat] |
| bra | rintaliivit | [rintali:iʋit] |
| pantyhose | sukkahousut | [sukkahousut] |
| stockings (thigh highs) | sukat | [sukat] |
| bathing suit | uimapuku | [ujmapuku] |

| hat | hattu | [hattu] |
| footwear | jalkineet | [jalkine:t] |
| boots (cowboy ~) | saappaat | [sa:ppa:t] |
| heel | korko | [korko] |
| shoestring | nauhat | [nauhat] |
| shoe polish | kenkävoide | [keŋkæʋojde] |

| | | |
|---|---|---|
| gloves | käsineet | [kæsine:t] |
| mittens | lapaset | [lapaset] |
| scarf (muffler) | kaulaliina | [kaulali:ina] |
| glasses (eyeglasses) | silmälasit | [silmælasit] |
| umbrella | sateenvarjo | [sate:nuarø] |
| | | |
| tie (necktie) | solmio | [solmio] |
| handkerchief | nenäliina | [neɲæ li:ina] |
| comb | kampa | [kampa] |
| hairbrush | hiusharja | [hiusharʰja] |
| | | |
| buckle | solki | [solki] |
| belt | vyö | [ʋyø] |
| purse | käsilaukku | [kæsilaukku] |

## 6. House. Apartment

| | | |
|---|---|---|
| apartment | asunto | [asunto] |
| room | huone | [huone] |
| bedroom | makuuhuone | [maku: huone] |
| dining room | ruokailuhuone | [ruokajlu huone] |
| | | |
| living room | vierashuone | [ʋieras huone] |
| study (home office) | työhuone | [tyøhuone] |
| entry room | eteinen | [etejnen] |
| bathroom (room with a bath or shower) | kylpyhuone | [kylpyhuone] |
| half bath | vessa | [ʋessa] |
| | | |
| vacuum cleaner | pölynimuri | [pølynimuri] |
| mop | lattiaharja | [lattiaharʰæ] |
| dust cloth | rätti | [rætti] |
| short broom | luuta | [lu:ta] |
| dustpan | rikkalapio | [rikkalapio] |
| | | |
| furniture | huonekalut | [huonekalut] |
| table | pöytä | [pøytæ] |
| chair | tuoli | [tuoli] |
| armchair | nojatuoli | [nojatuoli] |
| | | |
| mirror | peili | [pejli] |
| carpet | matto | [matto] |
| fireplace | takka | [takka] |
| drapes | kaihtimet | [kajhtimet] |
| table lamp | pöytälamppu | [pøytæ lamppu] |
| chandelier | kattokruunu | [kattokru:nu] |
| | | |
| kitchen | keittiö | [kejttiø] |
| gas stove (range) | kaasuliesi | [ka:su liesi] |
| electric stove | sähköhella | [sæhkø hella] |

| microwave oven | mikroaaltouuni | [mikro ɑːlto uːni] |
| refrigerator | jääkaappi | [jæːkɑːppi] |
| freezer | pakastin | [pɑkɑstin] |
| dishwasher | astianpesukone | [ɑstiɑnpesukone] |
| faucet | hana | [hɑnɑ] |

| meat grinder | lihamylly | [lihɑmylly] |
| juicer | mehunpuristin | [mehun puristin] |
| toaster | leivänpaahdin | [lejʊæn pɑːhdin] |
| mixer | sekoitin | [sekojtin] |

| coffee machine | kahvinkeitin | [kɑhʊiŋkejtin] |
| kettle | teepannu | [teːpɑŋu] |
| teapot | teekannu | [teːkɑŋu] |

| TV set | televisio | [teleʊisio] |
| VCR (video recorder) | videonauhuri | [ʊideonɑuhuri] |
| iron (e.g., steam ~) | silitysrauta | [silitys rɑutɑ] |
| telephone | puhelin | [puhelin] |

www.ingramcontent.com/pod-product-compliance
Lightning Source LLC
Chambersburg PA
CBHW070102080426
42452CB00056BA/2325